PLATÉE,

BALLET BOUFFON,

REPRESENTÉ

PAR L'ACADEMIE ROYALE

DE MUSIQUE,

POUR LE CARNAVAL

De mil ſept cent quarente-neuf.

Le Mardi quatre Fevrier de la même année.

PRIX XXX SOLS.

AUX DEPENS DE L'ACADEMIE.

On trouvera les Livres de Paroles à la Salle de l'Opera & à l'Academie Royale de Muſique, rue S. Nicaiſe.

M. D.C.C. XLIX.

AVEC APPROBATION ET PRIVILEGE DU ROY.

Les Paroles de Monsieur AUTREAU.

La Musique de Monsieur RAMEAU.

ACTEURS CHANTANS

Dans les Chœurs.

Côté du Roi.		Côté de la Reine.	
Mesdemoiselles.	*Messieurs.*	*Mesdemoiselles.*	*Messieurs.*
Dun.	Lefebvre.	Cartou.	S. Martin.
Tulou	Le Page C.	Masson.	Le Mesle.
Delorge.	Laubertie.	Rôllet.	Bellanger.
Larcher.	Fel.	Lablotiere.	Levasseur.
Cazeau.	Bourque.	Daliere.	Bellot.
Rosalie.	Duchênet	Victoire.	Chapotin.
Le Tourneur	Rochette.	Hery.	Favier.
Duperey.			
Grimiaux.	Gratin.	Folliot.	Le Roy.

ACTEURS DU PROLOGUE.

THESPIS, *Inventeur de la Comedie.* — Mr. Poirier.

UN SATYRE, — M. Person.

VENDANGEUSES, — Mlles Cartou. Chefdeville.

THALIE, — Mlle. Coupée.

MOMUS, — M. De Lamare.

L'AMOUR, — Mlle. Rozalie.

CHŒURS de Satyres, de Ménades, de Paysans vendangeurs, de leurs Femmes & de leurs Enfans.

PERSONNAGES DANSANS.

SATYRES & MENADES.

Mrs Laval, Caillé, Monservin.

Mlles. Belnot, L. Belnot C., Desiré.

PAYSANS VENDANGEURS.

Mr. Lany, Mlle. Lyonnois.

Mrs. Le Lievre, Laurent.

Mlles. Briseval, Dazenoncourt.

Mrs. Hamoche, Bourgeois, Mion.

Mlles Imblot, Parquet, Amedée.

PROLOGUE.

LA NAISSANCE DE LA COMEDIE.

Le Théâtre répresente une vigne de Grèce, avec l'appareil d'une Vendange.

SCENE PREMIERE.

THESPIS, endormi, CHŒURS de Satyres, de Menades, de Paysans vendangeurs, de leurs Femmes & de leurs Enfans qui entrent en dansant.

UN SATYRE.

E ciel répand ici sa plus douce influence,
Bacchus a comblé nos desirs.
Coulez, jus précieux, coulez en abondance,
Vous êtes l'ame des plaisirs.

CHŒUR.

Coulez, jus précieux, coulez en abondance,
Vous êtes l'ame des plaisirs.

On danse.

LE SATYRE.

Envain l'affreux hiver s'avance,
L'Amour, par vos présens, augmentant sa puissance,
Rend à nos cœurs la saison des Zéphirs,
Vous ranimez nos feux & nos tendres desirs.

CHŒUR, Coulez, *&c.*

On danse.

LE SATYRE,

apercevant THESPIS *endormi.*

Que vois-je? Est-ce Thespis? Oui, c'est lui qu
sommeille,
Ce doux jus sur ses yeux fait l'effet des pavots:
Doit-il en ce grand jour se livrer au repos,
Lui qui chante si bien le grand dieu de la Treille

Il s'aproche de THESPIS *pour le reveiller*

Ranimez vos sens assoupis,
Réveillez-vous, chantez, agréable Thespis.

LE CHŒUR, Ranimez, *&c.*

THESPIS, *en s'éveillant.*

Rendons grace à Bacchus du sommeil qu'il nous
donne,
Qu'il est tranquille! Qu'il est doux!

Il se rendor.

LE SATYRE ET LE CHŒUR, autour de THESPIS.

Thefpis, chantez, reveillez-vous.

THESPIS, fâché.

Chantons, vous m'y forcez, mais fongez qu'en
Automne,
Dans mes chanfons, je n'épargne perfonne.

DEUX VENDANGEUSES.

Joyeux Thefpis, point de courroux.

THESPIS.

Je fens qu'un doux tranfport me faifit & m'infpire,
Charmant Bacchus, dieu de la liberté,
Pere de la fincerité,
Aux dépens des mortels tu nous permets de rire.

Mon cœur plein de la verité,
Va fe foulager à la dire :
Duffai-je être mal écouté.

Charmant Bacchus, *&c.*

Il s'adreffe aux Ménades.

Ménades & jeunes & belles,
A vos amans êtes-vous bien fidelles ?
On ne le croit pas parmi nous.

CHŒUR de Ménades.

Thefpis, rendormez-vous.

THESPIS.

Il s'adresse aux Satyres.

Dignes amans de ces jeunes coquettes,
Invincibles buveurs, tous trompés que vous êtes,
Vous n'aimez pas assés pour en être jaloux.

CHŒUR de Satyres.

Thespis, rendormez-vous.

THESPIS.

Il s'adresse à tous.

Au milieu d'une Orgie où regne la licence,
Ménades, vos secrets sont mal en assurance,
On me les a dits presque tous.

CHŒUR de Satyres & de Ménades.

Thespis, rendormez-vous.

SCENE II.

THALIE, MOMUS,
& les Acteurs de la Scene précedente.

THALIE à THESPIS.

NOn, poursuivez, Thespis, livrez-vous à Thalie:
Pour exercer votre aimable folie,
Je remets mon masque en vos mains.

Elle donne à THESPIS le masque qu'elle tient.

A vos chants, à vos jeux, rien ne peut faire obſtacle.
Je viens avec Momus en former un ſpectacle,
Pour corriger les défauts des humains.

MOMUS.

Aux ſeuls humains bornez-vous la ſatire ?
Vous pouvez juſqu'aux dieux, étendre ſon empire ;
Je vous prêterai mon appui.
La raiſon dans l'Olimpe eſt ſouvent hors d'uſage.
Hé ! Qui pourroit réſiſter à l'ennui
D'être immortel & toûjours ſage ?

MOMUS, THALIE, THESPIS.

Cherchons à railler en tous lieux,
Soumettons à nos ris & le ciel & la terre :
Livrons au ridicule une éternelle guerre,
N'épargnons ni mortels ni dieux.

MOMUS.

Dans ces lieux, Jupiter lui-même
Deſcendu de ſa gravité,
Par un riſible ſtratagême
Guérit jadis d'une épouſe qu'il aime,
La jalouſie & la fierté.

Je veux avec Theſpis en retracer l'hiſtoire,
La Gréce en garde encor la célébre mémoire.

SCENE III.

L'AMOUR,

& les Acteurs de la Scene précédente.

L'AMOUR.

QU'osez-vous sans l'Amour entreprendre ici-bas ?
Quittez un projet témeraire.
Quels sont les jeux qui pourroient plaire
Que l'Amour n'animeroit pas ?

THALIE.

Venez, Amour, guidez nos pas,
Soyez toûjours notre dieu tutelaire.

L'AMOUR.

Confondons nos jeux & nos ris.

Voulez-vous critiquer les feux que je fais naître ?
Lorque vous les aurez bien ou mal travestis,
Je me reserve après, d'en ordonner en maître :
Vous verrez qu'à la fin, chacun aura son prix
Quand l'Amour se fera connoître.

THESPIS.

Momus, Amour, Dieu des raisins,
Divinités charmantes,

Par des leçons réjouissantes
Nous corrigerons les humains.

Il s'adresse à tous les différens Chœurs.

Et vous, heureux témoins d'une union si belle,
Montrez, pour la servir ce que peut votre zéle.

LES ACTEURS, & les CHŒURS.

Formons un spectacle nouveau.
Bacchus c'est ta victoire,
Livrons nous au plaisir de boire,
L'Hipocrêne est sur ce coteau.

On danse.

THESPIS,

alternativement avec le CHŒUR.

Chantons Bacchus,
Chantons Momus,
Chantons l'Amour & ses flâmmes,

Que tour à tour
Dans ce séjour,
Ces Dieux remplissent nos ames.

SEUL.

Sans le vin
Sans son yvresse,
La tendresse
N'est que chagrin.

Alternativement avec le CHŒUR.

Chantons Bacchus, *&c.*

SEUL.

Veut-on rire ?
C'est à Bacchus qu'on a recours ;
Momus lui dût toujours
Son plus charmant délire.

Alternativement avec le CHŒUR.

Chantons Bacchus, *&c.*

On danse à toutes les Reprises, & à la fin de ce Chœur, tous se retirent en dansant.

FIN DU PROLOGUE.

ACTEURS DU BALLET.

PLATÉE, *Nymphe d'un grand marais au pied du Mont-citheron.*	Mr. De la Tour.
CITHERON, *Roi de Grece*,	Mr. Le Page.
JUPITER,	Mr. Perſon.
JUNON,	Mlle. Jacquet.
MERCURE,	Mr. Poirier.
IRIS,	
MOMUS,	Mr. DeLamare.
LA FOLIE,	Mlle. Fel.
CLARINE, *Fontaine ſuivante de* PLATEÉ.	Mlle Coupée.

NAYADES *de la cour de* PLATÉE.

AQUILONS.

Chœurs ſuivans de Momus.

Suivans de la FOLIE, *de caractere gay & ſérieux.*

SATYRES & DRIADES.

Autres SATYRES.

Suivans de MOMUS *ſous la forme des Graces.*

Chœurs d'Habitans de la campagne, de leurs femmes & de leurs enfans.

PERSONNAGES DANSANS.

PREMIER ACTE.

NAYADES suivantes de PLATÉE.

Mlle. LANY.

Mlles. Courcelle, St-Germain, Thiery, Minot, Beaufort, Sauvage.

AQUILONS.

M^{r}. LYONOIS.

M^{rs}. Dumay, Dupré, Matignon, Feuillade, le Lievre, Laval.

SECOND ACTE.

SUIVANS DE LA FOLIE.

d'un caractere gay.

Mlles. LANY, DALLEMAND.

Mrs Dumay, Dupré, Matignon, Hamoche.

Mlles. St-Germain, Courcelle, Beaufort, Minot.

SUIVANS DE LA FOLIE.

d'un caractere ſerieux.

Mr. LANY.

Mrs. Feuillade, Caillez, Laval, Bourgeois.

TROISIEME ACTE.

SATYRES & DRYADES.

Mr. DUPRÉ.

Mr. MONSERVAIN, Mlle. CARVILLE.

Mr. TESSIER.

Mrs. Dumay, Laval, Caillez.

Mlles. Devaux, Belnot l., Belnot c.

SUIVANS DE MOMUS.

ſous la forme des GRACES.

Mrs. Laurent, Mion, Le Lievre.

HABITANS DE LA CAMPAGNE.

Mr. DUMOULIN, Me. DOURDET.

Mr. DEVISSE.

Mr. LANY, Mlle. LYONNOIS.

Mlle DALLEMAND.

Mrs. Feuillade, Matignon, Bourgeois.

Mlles. Deſiré, Dazenoncourt, Briſeval.

PLATÉE,

BALLET BOUFFON.

ACTE PREMIER.

Le théâtre représente un lieu champêtre ; sur les côtés, sont différens petits Bâtimens rustiques entre-mêlés d'arbres fort touffus ; on voit dans le fond, le Mont-citheron, sur le sommet duquel est un Temple de Bacchus ; au bas, est un grand Marais plein de rozeaux, entouré de vieux saules.

Le Ciel paroît chargé de nuages ; & de tems en tems l'on entend des coups de vent.

SCENE PREMIERE.

CITHERON.

Ieux, qui tenez l'Univers, dans vos mains,
Voïez les élemens nous déclarer la guerre :
S'il est de coupables humains,
Punissez-les par le tonnerre,

Et rendez à la terre
Le calme & la douceur de ſes premiers deſtins.

Mais, je vois Mercure deſcendre !
Mes cris ſe ſont-ils fait entendre ?

MERCURE deſcend du Ciel

SCENE II.

CITHERON, MERCURE.

CITHERON.

MErcure, expliquez-nous par quels malheurs nouveaux
Le Ciel nous fait ſentir ſa vengeance ou ſa haîne
Des Aquilons fougueux la dévorante haleine
Menace à chaque inſtant nos champs & nos côteaux

MERCURE.

D'une cruelle jalouſie
La Déeſſe des airs ſuit l'aveugle tranſport;
Pour calmer la fureur dont ſon ame eſt ſaiſie
On fait un inutile effort;
Jupiter s'en impatiente,
Et je lui cherche un doux amuſement.

CITHERON.

Par quelque feinte ardeur, quelque ruſe innocente
Ne peut-on pas guérir ſon Epouſe aiſément ?

Si Junon paroît inplacable ,
Que d'un nouvel himen il feigne les apprêts ,
Bientôt il cessera de paroître coupable :
Et bientôt leur amour reprendra ses attraits.

MERCURE.

Mais si l'objet lui paroissoit aimable ....

CITHERON.

Ne craignez rien du pouvoir de ses traits.

Dans un Marais profond, monument du déluge,
Que vit jadis Deucalion ,
Une Nymphe a fait son refuge
Au pié de ce sombre vallon.

Il montre le marais.

Cette Naïade ridicule ,
Et que de tous les tems a proscrite l'Amour ,
Sur ces comiques traits aveuglement crédule ,
Espere chaque jour
Que mille amans viendront l'adorer tour à tour.
Que Jupiter, feignant de se rendre à ses charmes,
Vienne lui proposer un tendre engagement :
Informez-en Junon, excitez ses allarmes ,
Nous l'attendrons à l'éclaircissement.

PLATÉE paroît dans le fond du Théâtre.

Voulez-vous voir l'objet de cette amour nouvelle.

MERCURE.

Je monte au Cieux où Jupiter m'appelle.

Il jette un coup d'œil sur PLATÉE.

C'eſt à lui de juger d'un objet ſi charmant.

Il remonte au ciel, CITHERON *ſe retire.*

SCENE III.

PLATÉE, CLARINE, Fontaine, ſa ſuivante, CITHERON, à l'écart.

PLATÉE.

Que ce ſéjour eſt agréable !
Qu'il eſt aimable !
Ah ! Qu'il eſt favorable,
Pour qui veut bien perdre ſa liberté.

Dis-moi, mon cœur, t'es-tu bien conſulté.
Ah, mon cœur, tu t'agîtes !
Ah, mon cœur, tu me quittes !
Eſt-ce pour Citheron ? T'a-t'il bien mérité.

Que ce ſéjour, &c.

CLARINE.

Sur quoi fondez-vous l'eſperance
Que Citheron ſe ſoumette à vos loix ?

PLATÉE.

Sur ce que je le vois,
Du plus loin quelquefois,
Comme un amant timide, éviter ma préſence.

CLARINE.

Quoi! Devenir ſenſible...

PLATÉE.

Hélas! Oui, je le crois.

CLARINE.

Pour un ſimple mortel!

PLATÉE.

Il faut bien faire un choix:
Dans l'ardeur qui me preſſe
Où porter ma tendreſſe?
Nos Dieux des fleuves ſont ſi froids.

Elle apperçoit CITHERON.

L'Amour, l'Amour avec moi s'intéreſſe.
Mon amant vient, je l'apperçois.
Habitans fortunés, voiſins de ces bocages,
Quittez vos ſombres marécages,
Hatez-vous, venez promptement
Vous raſſembler ſous l'herbe tendre;
Si l'on ne vous voit pas, qu'on puiſſe vous entendre
Celebrer cet heureux moment.
Que vos voix m'applaudiſſent,
Que les airs retentiſſent;

Chantez & criez tous,
Que vos accens s'unissent
A ces charmans oiseaux, dont les chants sont si doux.

On entend le croassement des Grenouilles & le chant des Coucous, qui continuent pendant tout le chœur suivant.

CHŒUR qu'on ne voit pas.

Que nos voix applaudissent,
Que les airs retentissent,
Chantons & crions tous,
Que nos accens s'unissent;
A ces charmans oiseaux, dont les chants sont si doux.

SCENE IV.

PLATÉE, CLARINE, CITHERON qui s'est approché.

PLATÉE, à CITHERON.

Quelque douce inquiétude
Vous conduit donc en ces lieux?

CITHERON.

Non. Je cherche la solitude.

PLATÉE.

On y peut trouver mieux.

Il s'y rencontrent des Driades
Qui viennent volontiers dans ces lieux écartés,
Et jusqu'aux humides Nayades,
Tout doit sentir ce que vous meritez.

CITHERON.

Oserois-je aspirer à des Divinités?
C'est au respect à m'en défendre.

PLATÉE.

On aimeroit autant un sentiment plus tendre:
Les discours obligeans sont toûjours écoutés.

Pour un amant qui sait plaire,
Il n'est point de rang trop haut:
Dût-il avoir le défaut
D'en devenir témeraire.

CITHERON.

L'amour audacieux....

PLATÉE.

Le vôtre est circonspect.

CITHERON.

Il est vrai, je le voi, que chacun vous adore,
Et mon profond respect...

PLATÉE.

Quoi! Le respect encore.

Suivant de près Citheron.

Je m'attendris !
Cruel, tu ris !
Je vois à tes mines
Que tu me devines ;
Ah ! Ah ! Charmant vainqueur !
Tu n'aime point ? Non, non. Tu dédaigne mon cœur

Serois-tu si timide ?

Irritée des refus obstinés de CITHERON.

Non. Tu n'es qu'un perfide,
Un perfide envers moi.

Le poursuivant avec fureur.

Dis donc, dis donc pourquoi ?
Quoi ? Quoi ?
Dis donc pourquoi ?

CHŒUR qu'on ne voit pas.

Quoi ? Quoi ?

Elle se met à pleurer. MERCURE *descend du ciel en traversant le théâtre.*

CITHERON.

Naïade, appaisez-vous à l'aspect de Mercure :
Il descend des cieux, je le voi.

PLATÉE.

Mercure ! Ah ! Se peut-il.

CITHERON.

CITHERON.

Sans doute, & j'en augure
Que quelque Dieu rempli d'amour ...

PLATÉE.

Quoi ? Quoi ?

LE CHŒUR caché.

Quoi ? Quoi ?

SCENE V.

PLATÉE, CLARINE, CITHERON, MERCURE.

MERCURE, à PLATÉE, après beaucoup de profondes révérences.

DÉeſſe qui regnez dans ces Marais ſuperbes,
Sur des Sujets ſans nombre errans parmi les herbes,
Ne trouverez-vous point indigne de vos fers,
Le Dieu qui lance le tonnerre ?
Ce Dieu par vos beautez attiré ſur la terre,
Veut ſoûmettre à vos pieds ſon cœur & l'Univers.

PLATÉE.

Le croirai-je, beau Mercure,
Que d'une flâme bien pure
On brûle pour mes appas ?
Puis-je en être aſſés ſûre
Pour ſoûpirer tout bas.

MERCURE & CITHERON.

Platée a merité cette gloire éclatante.

CITHERON, à PLATÉE.

Vous ne blâmerez plus une ame indifférente
Pour un bonheur qui n'eût pû s'achever.

Tout annonçoit en vous la fortune brillante
Où l'amour d'un grand Dieu devoit vous élever.

MERCURE & CITHERON.

Tout annonçoit en vous la fortune brillante
Où l'amour d'un grand Dieu devoit vous élever.

Platée a merité cette gloire éclatante.

PLATÉE, à MERCURE.

Mais ce Dieu plein d'ardeur,
Pour attaquer mon cœur,
Se fait longtems attendre ?

MERCURE.

Il va ſe rendre,
Et bientôt près de vous.

Quelques éclairs annoncent l'orage.

Le ciel qui s'obſcurcit m'en donne le préſage,
La Déeſſe des airs y ſignale ſa rage,
Mais rien n'arrête ſon Epoux.

PLATÉE.

Je crains peu ſon courroux,
Dans mon humide Empire on crie après l'orage.

Annonçons ce beau jour,
Aux Nymphes de ma Cour.

Quittez, Nymphes, quittez vos demeures profondes;
Un torrent des céleſtes ondes
Eſt prêt d'inonder ces climats.

Et vous, Junon, pleurez, arroſez mes Etats.

Quittez, Nymphes, quittez vos demeures profondes;
Un torrent de céleſtes ondes
Eſt prêt d'inonder ces climats.

Toutes les Nymphes de la Cour de PLATÉE *ſortent du fond du marais, s'élevent au-deſſus des roſeaux & s'avancent ſur la Scene.*

SCENE VI.

PLATÉE, MERCURE, CITHERON, CLARINE, CHŒUR de NYMPHES de la ſuite de PLATÉE.

CHŒUR de Nymphes.

EPais nuages,
Raſſemblez-vous;
Tombez ſur nous;

Enflez nos rivages :
Jufqu'à vos ravages,
Tout nous fera doux.

Les Nymphes forment differentes danfes dans leur caractere.

CLARINE.

Soleil, fuis de ces lieux,
Ceffe de tourmenter les humides Nayades :
Regnez favorables Hyades,
Eteignez pour jamais fon éclat & fes feux.

On danfe.

MERCURE rentrant fur la Scene d'où il étoit forti pendant le divertiffement.

Nymphes, les Aquilons viennent troubler la fête,

L'arc-en-ciel paroît.

Je vois Iris qui s'avance à leur tête.
Un vent impétueux agite les rozeaux,
Retirez-vous au fond des eaux.

Une troupe d'Aquilons, par une entrée extrêmement vive, force les Nymphes à fe retirer dans leur marais.

FIN DU PREMIER ACTE.

ACTE II.

Le théâtre représente une autre vûë du Mont Cithéron, & dans l'éloignement la Ville d'Athénes.

SCENE PREMIERE.

MERCURE, CITHERON.

MERCURE.

E viens de soulager Junon dans sa colére,
Par un aveu qu'elle croïoit sincére,
Athenes deviendra l'objet de son courroux :
Et déja l'espoir la console
D'y surprendre à la fois la Nymphe & son Epoux.

Un nuage conduit par des Aquilons, traverse le théâtre.

Vous voïez qu'elle y vole.

En toute liberté,
Jupiter peut paroître,
Il vient...

CITHERON.

Retirons-nous dans ce bois écarté.

MERCURE.

Nous verrons tout ſans nous faire connoître.

Ils ſe retirent tous deux à l'écart

SCENE II.

JUPITER, MOMUS, dans un char à demi deſcendu.

AQUILONS ſuſpendus en l'air.

JUPITER, aux Aquilons.

AQuilons trop audacieux,
Craignez ma colere ;
Fuyez de ces lieux.

Pour voir de près la beauté qui m'eſt chere,
Pour lui rendre un hommage auſſi vif que ſincere,
Je quitte le ſéjour des Cieux.

Aquilons trop audacieux
Craignez ma colere ;
Fuyez de ces lieux.

Les Aquilons disparoissent, des nuages couvrent le char où sont JUPITER *&* MOMUS.

PLATÉE *s'avance du fond du théâtre.*

SCENE III.

PLATÉE.

Elle s'approche du nuage qui s'est étendu jusqu'à terre, & le considere.

A L'aspect de ce nuage ;
Je ne sçaurois m'abuser,
Jupiter sait tout oser :
Mais aurai-je le courage
De recevoir son hommage,
Ou de le refuser ?

Les nuages font quelques mouvemens.

Le nuage s'entr'ouvre
Je vois du mouvement :
Je crois qu'il me découvre
Mon adorable amant.

La partie d'en bas des nuages se sépare & remonte dans la partie d'en haut.

JUPITER paroît sous la forme d'un Quadrupede, un petit Amour l'enchaîne de guirlandes de fleurs.

Quelle métamorphose !
Dois-je approcher ? Je n'ose.

C'est une épreuve assurément
Que Jupiter prépare à ma flâme nouvelle.
Venez, venez, j'y suis fidelle,
Quelque soit ce déguisement.

Elle s'en approche à une certaine distance, & de tems en tems le regarde tendrement.

Apprenez-moi ce qu'amour vous inspire,
Et ce que votre cœur prétend.
Vous soupirez, & je soupire ;
Il suffit d'un si doux accent.
Vous dites tout sans me rien dire.
Ah ! Que l'amour est éloquent !

Pendant que PLATÉE dit ces paroles, JUPITER lui répond avec les sons naturels à la forme qu'il a prise ; après quoi il change de forme & prend celle d'un Oiseau battant des aîles à demie hauteur du théâtre.

Quoi !

Quoi! vous disparoissez!.. Sous quel nouveau plumage
Me representez-vous
Le plus beau des Hibous?

Oiseaux de ce bocage,
Venez tous,
Chantez. * Mais quels cris! Quel ramage!

** On entend le charivari des Oiseaux à l'aspect du Hibou, qui après s'être perché quelque tems, s'envole sans que* PLATÉE *s'en apperçoive.*

Oiseaux, vous en êtes jaloux,
Changez de langage,
Rendez hommage
Au plus beau des Hibous.

Elle s'apperçoit que l'Oiseau s'est envolé.

Hélas! Il s'envole?
Je ne le vois plus.

Elle parcourt le théâtre.

Jupiter... Jupiter... mes cris sont superflus.
Il faudra donc que mon cœur s'en désole.

Hélas! Il s'envole!
Je ne le vois plus.

Pendant qu'elle s'occupe à pleurer, on entend ſubitement un grand coup de tonnere. Une pluie de feu tombe du ciel : elle parcourt le Théâtre toute effrayée.

Ciel ! Quelle terrible roſée !

Jupiter arrive ſur le Théâtre ſous ſa veritable forme, ſuivi de MOMUS ! *Il eſt armé de ſon foudre qui eſt en feu, & dont il effraye* PLATÉE.

JUPITER *à* PLATÉE, *lorſque ſon foudre eſt éteint.*

Charmant objet de mes dignes amours.
Ne ſoyez pas plus long-tems abuſée.
Comptez ſur mon ſecours.

Il jette ſon foudre.

J'éloigne de mes mains la foudre redoutable ;
Je ne viens point vous allarmer.
Jupiter avec vous devenu plus traitable,
Ne s'occupera plus que du plaiſir d'aimer.

Elle reſte toujours tremblante.

Seriez-vous inſenſible à mes tendres vœux ? . .

PLATÉE.

. . . . Ouffe.

JUPITER.

Je vous offre des vœux conſtans :
Vous ne repondez rien . . . .

PLATÉE.

Pardonnez-moi j'étouffe,
Et je soupire en même tems.

JUPITER, à MOMUS.

En attendant qu'un doux himen s'apprête,
Qu'on réjouisse ici ma nouvelle conquête:
Momus, rassemblés tous vos jeux;
Que l'allegresse de la fête.
Egale l'excès de mes feux.

Il s'éleve un Palais, d'une architecture Grotesque.

MOMUS.

Sujets divers que le délire
Enchaîne à jamais dans ma cour,
Venez, du dieu qui vous inspire
Soutenez la gloire en ce jour.

SCENE IV.

JUPITER, MOMUS, PLATÉE,
CHŒUR des suivans de MOMUS, MERCURE & CITHERON, travestis parmi eux.

LE CHŒUR autour de PLATÉE.

QU'elle est aimable! Qu'elle est belle!
A tant d'appas
Qui ne se rendroit pas?

Jupiter ſoupire pour elle.
Le charmant objet que voilà !
Ah ! Qu'elle eſt belle !
Ah ? Ah ! Ah ! Ah !

PLATÉE eſt tantôt fâchée & tantôt bien-aiſe ; ſelon ce que lui dit ce Chœur ; après lequel on entend une ſymphonie extraordinaire.

MOMUS.

Mais une nouvelle harmonie
Annonce apparemment Terpſicore, ou Thalie.

SCENE V.

LA FOLIE, *une Lyre à la main ;*

Et les Acteurs de la Scene précedente.

LA FOLIE.

VOus vous trompez, Momus, non, non

MOMUS.

Que vois-je ? O ciel !

LA FOLIE.

C'eſt moi, c'eſt la Folie
Qui vient de dérober la Lyre d'Appollon.

MOMUS ET *LE CHŒUR.*

Honneur, honneur à la Folie,
Qui tient la Lyre d'Appollon.

Differens quadrilles des Suivants de MOMUS *& de* LA FOLIE; *les uns d'un caractere gay, habillés en Pompons; les autres d'un caractere sérieux, vêtus en Philosophes Grecs entrent en dansant :* LA FOLIE, *en touchant de sa Lyre, anime leurs danses qui sont de leurs differens caracteres.*

LA FOLIE.

Formons les plus brillans concerts;
Quand Jupiter porte les fers
De l'incomparable Platée,
Je veux que les transports de son ame enchantée,
S'expriment par mes chants divers.

Elle fait des accords sur sa Lyre, pour l'essayer.

Admirez tous mon art célébre.
Faisons d'une image funebre
Une allégresse par mes chants.

Elle prélude de nouveau sur sa Lyre, ensuite elle s'accompagne.

Aux langueurs d'Appollon, Daphné se refusa:
L'Amour sur son tombeau,
Eteignit son flambeau,
La métamorphosa.

C'est ainsi que l'Amour de tout tems s'est vangé:
Que l'Amour est cruel, quand il est outragé!

Aux langueurs d'Appollon, Daphné se refusa,
L'Amour sur son tombeau,
Eteignit son flambeau,
La métamorphosa.

LE CHŒUR.

Honneur, honneur à la Folie.
Elle surpasse Polymnie:
Honneur à ses divins accens.

LA FOLIE.

Jugez par du beau simple & des sons plus touchans,
Si je connois la mélodie.
Ecoutez bien... sur tout ma symphonie.

Elle prélude encore sur sa Lyre, & s'accompagne.

Aimables jeux suivez nos pas,
Plaisirs badins, c'est dans vos bras
Que notre ardeur se renouvelle.
Si Zéphir ne badinoit pas,
Flore lui seroit moins fidele.

Elle veut recommencer la reprise, elle s'interrompt elle-même par exclamation.

Vous admirez mon art suprême,
J'attriste l'allegresse même,
Par mes sons plaintifs & dolens.

LE CHŒUR.

Honneur, honneur à la Folie,
Elle surpasse Polymnie ;
Honneur à ses divins accens.

On danse differentes entrées de caractere.

LA FOLIE.

Je veux finir
Par un coup de génie.

A MOMUS & à ses suivans.

Secondez-moi, je sens que je puis parvenir.
Au chef-d'œuvre de l'harmonie.

Seule d'abord, puis avec MOMUS, MERCURE, CITHERON ET TOUS LES CHŒURS.

Himen, himen, l'Amour t'appelle
Prépare à Jupiter une chaîne nouvelle,
Viens couronner sa nouvelle Junon.

PLATÉE, *à ce mot de nouvelle Junon.*

Hé, bon, bon, bon.

LA FOLIE, MOMUS, MERCURE, CITHERON, TOUS LES CHŒURS, Et PLATÉE, à differentes reprises.

Dans son ame
Viens unir ta flâme,
Aux feux de Cupidon,
Hé, bon, bon, bon.

On danse à differentes reprises de ce Chœur, & à la fin tous se retirent en dansant avec PLATÉE, *qu'on fait danser aussi.*

FIN DU SECOND ACTE.

ACTE III.

Le Théâtre repréſente le même lieu qu'au premier Acte.

SCENE PREMIERE.

JUNON.

Elle entre en fureur, accompagnée D'IRIS.

HAine, dépit, jalouſe rage,
Je vous livre mon cœur.

Etouffez mon amour pour un Epoux volage,
Inſpirez-moi votre fureur.

Haine, dépit, jalouſe rage,
Je vous livre mon cœur.

MERCURE traverſe le théâtre à pied, & feint de vouloir éviter JUNON.

SCENE II.

JUNON, MERCURE.

IRIS reste toujours sur la Scene avec JUNON.

JUNON.

ARrêtés : Jupiter n'étoit point dans Athênes:
Vous m'abusiez : vous trompiez mes désirs.
Quel charme trouvez vous à redoubler mes peines.

MERCURE.

Non. Je verrai bien-tôt renaître vos plaisirs.
Si je sers Jupiter, applaudissés mon zéle,
Qui tend à vous servir bien plus que votre Epoux.

JUNON.

Ne croyez pas appaiser mon courroux :
Je veux confondre l'Infidele.

MERCURE.

Hélas ! Il ne tiendra qu'à vous.

En ce lieu même il va paroître,
Attendés-le moment de vous faire connoître,
Et suspendés vos mouvemens jaloux.

MERCURE s'en va par le fond du théâtre au-devant de JUPITER & de PLATÉE. JUNON sort par un des côtés.

SCENE III.

DRIADES ET SATYRES dansans.

CHŒUR de NYMPHES de la suite de PLATÉE, & de SATYRES chantans.

CLARINE, PLATÉE couverte d'un voile, dans un char, traîné par deux Grenoüilles.

JUPITER ET MERCURE à pied, aux deux côtés du char.

AUTRES SATYRES qui suivent le char.

Tous les Acteurs arrivent dans cet ordre & font un tour sur le théâtre.

LE CHŒUR, pendant la marche.

CHantons, célébrons en ce jour
Le pouvoir de l'Amour.

Par lui, la Nymphe peut prétendre
A s'unir au plus grand des Dieux;
Et le Roi le plus glorieux,
A la Bergere peut se rendre.

Chantons, célébrons en ce jour
Le pouvoir de l'Amour.

Après la marche PLATÉE reste dans son char au fond du théâtre pendant qu'on danse, après quoi elle en descend & prend JUPITER par la main.

PLATÉE, à JUPITER, qu'elle amene au bord du Théâtre.

Dans cette fête,
Mon cœur s'aprête
A recevoir ardemment
Les vœux de mon amant.

Mais il nous manque en ce moment
Pour mon bonheur & pour le vôtre,
L'Himen, l'Amour; ou du moins, l'un ou l'autre.

JUPITER à MERCURE.

Mercure dites-moi pourquoi ces petits Dieux
Ne me ſuivent pas dans ces lieux?

MERCURE.

Ces Dieux, vous le ſavez, vont rarement enſemble;
C'eſt un hazard qui les raſſemble
Sur la terre, ſur l'onde, & même dans les cieux.

PLATÉE.

Quoi, faut-il les attendre encore?
Mon cœur tout agité,
Eſt impatienté
De l'importune gravité
De ces beaux fils de Terpſicore.

JUPITER & MERCURE font raſſeoir PLATÉE ſur un des cotés du Théâtre. On danſe dans le genre le plus noble pour l'impatienter davantage.

La danſe eſt interrompuë par une ſymphonie extraordinaire.

SCENE IV.

MOMUS un bandeau ſur les yeux, avec un arc & un carquois d'une grandeur ridicule;

LA FOLIE, ſa Lyre à la main,
Et les Acteurs de la Scene précédente.

JUPITER, appercevant de loin MOMUS.

QUe vois-je? Eſt-ce l'Amour, vient-il avec ſes armes.
Pour lancer dans mon cœur encor de nouveaux traits?

MOMUS ſe tient toujours éloigné.

PLATÉE.

Puiſqu'il vient pour moi tout exprès;
Qu'il avance; il ne peut s'approcher de trop près.

Quand MOMUS s'eſt approché.

JUPITER & MERCURE.

C'eſt Momus: De l'Amour n'a-t'il pas tous les charmes?

MOMUS, à PLATÉE, après un ſalut très-profond.

Le tout-puiſſant Amour, ayant affaire ailleurs,
Ne peut ici venir lui-même.
Il m'a chargé pour vous de toutes ſes faveurs.

PLATÉE.

Donnez, donnez, ce ſera tout de même.

MOMUS.

Ce ſont des pleurs.

PLATÉE.

Fy....

MOMUS.

Des tendres douleurs.

PLATÉE.

Fy....

MOMUS.

Des cris, des langueurs.

La ſymphonie peint ces differens préſens que MOMUS aporte à PLATÉE de la part de L'AMOUR.

PLATÉE.

Fy, fy, ce ſont-là des malheurs;
Et s'il faut que j'aime
Je veux des douceurs.

MOMUS.

Ah! Du moins, recevez la timide Eſperance.

La ſymphonie peint dans le même genre, L'ESPERANCE.

PLATÉE.

Eh ! Fy, votre eſpérance
N'eſt qu'une ſouffrance,
Un vrai ſigne d'ennui ;
Eh ! Fy.

LA FOLIE amene ſur le bord du théâtre MOMUS, qui en paroît embaraſſé.

LA FOLIE à MOMUS, en ſe mocquant de lui.

Lance tes traits Amour, épuiſe ton carquois,
Etends juſqu'à nous ta victoire.
Ajoûte à ta gloire
De nouveaux exploits.

On entend un Prélude d'un nouveau caractére.

PLATÉE.

Quel bruit . . . .

MOMUS.

Venez, aimables Graces.

Trois ſuivans de MOMUS ſous la forme des Graces, entrent ſur la ſcene.

SCENE V.

Trois ſuivans de MOMUS ſou sla forme de GRACES, & les Acteurs de la Scene précédente.

MOMUS à PLATÉE.

DE votre gloire, Amour eſt ſi jaloux,
Qu'il veut qu'elles ſuivent vos traces,
Pour pouvoir en tous lieux lui répondre de vous

Ces trois ſuivans de MOMUS, ſous la forme de GRACES, danſent comiquement. LA FOLIE le anime en touchant ſa lyre.

PLATÉE.

Je croyois les Graces ſi fades,
Mais leur amoureuſes gambades... :

LA FOLIE.

De mon vaſte génie admirez les effets,
Je ſai les rendre tantôt vives,
Tantôt innocentes, naïves,
Toujours en les livrant à de charmans excès.

On entend un Prélude de muſique champêtre

PLATÉE.

Mais, qui nous vient encor ?

SCEN

SCENE VI.

CITHERON ;

Suivi des Habitans de la campagne, & les Acteurs de la Scene précédente.

CITHERON, *à Platée.*

NYmphe, votre conquête
Fait tant de bruit, qu'elle tourne la tête
A tous les Hameaux d'alentour ;
Et mon peuple, en un ſi grand jour,
Veut prendre part à cette auguſte fête.

Les Habitans de la campagne mêlent leurs danſes à celles des Satyres & des Driades.

CITHERON, *à ſes Sujets.*

Du plus grand des Immortels
Platée a fait la conquête,
De ſon triomphe embelliſſez la fête,
Et préparez-lui des autels.

On danſe.

LA FOLIE, *à tous les differens Chœurs.*

Chantez Platée, égayez-vous,
Chantez le pouvoir de ſes charmes.

LE CHŒUR.

Chantons Platée, égayons-nous,
Chantons le pouvoir de ſes charmes.

TOUS ENSEMBLE.

Le Dieu qui lui rend les armes

LA FOL. Va vous } combler de ſes biens les plus doux.
LE CH. Va nous }

LA FOL. Chantez, danſez, ſautez } tous.
LE CH. Chantons, danſons, ſautons }

LA FOL. Chantez Platée, égayez-vous.

LE CH. Chantons Platée, egayons-nous.

LA FOL. Chantez } le pouvoir de ſes charmes.
LE CH. Chantons }

On danſe à toutes les differentes repriſes, & à la fin de ce Chœur.

JUPITER, à MERCURE, à part au bord du théâtre.

Voici l'inſtant de terminer la feinte;
Mais Junon ne vient point.

MERCURE.

Elle eſt près de ces lieux.

JUPITER va prendre PLATÉE par la main.

JUPITER.

* *PLATÉE paroît hésiter à lui donner la main.*

Que des* nœuds solemnels. * Mais d'où naît cette crainte ;
Vous qui ne doutez point du pouvoir de vos yeux ?

PLATÉE.

Je songe à votre ancienne épouse.

JUPITER.

Hé quoi ! Qu'en appréhendez-vous ?

PLATÉE.

Elle est, à ce qu'on dit, jalouse.

JUPITER.

Nous laisserons agir son impuissant courroux.
Pour célébrer un nœud si légitime,
Je jure...

JUPITER répéte ce dernier mot plusieurs fois, en regardant si JUNON vient.

SCENE VII.

JUNON, qui arrive en fureur, suivie d'IRIS, & les Acteurs de la Scene précédente.

JUNON.

ARrête, Ingrat,
Tu n'acheveras pas cet horrible attentat.
Heureuse en ma fureur, saisissons ma victime.

Elle se jette sur PLATÉE qui cherche à se cacher derriere JUPITER, & elle lui arrache son voile.

Que vois-je! O ciel!

JUPITER, à JUNON, avec un sourire.

Vous voyez votre erreur.

PLATÉE sort furieuse, & emmene toutes ses Nymphes.

JUNON.

Ma surprise est extrême,
Quelle confusion succéde à ma douleur!

JUPITER.

Douterez-vous encor que je vous aime?

JUNON.

Non. Vous rétablissez le calme dans mon cœur.

JUPITER.

Montons au séjour du tonnerre,
Venez, quittons ces lieux.
Il n'appartient point à la terre
D'arrêter plus long-tems le Souverain des Dieux.

JUPITER & JUNON montent au ciel au bruit du tonnerre avec IRIS & MOMUS, ils sont envelopés dans des nuages. MERCURE vole devant eux, LA FOLIE reste sur la terre. PLATÉE est ramenée sur la Scene par les Habitans de la campagne, leurs femmes & leurs enfans qui l'entourent & se moquent d'elle.

SCENE DERNIERE.

PLATÉE, CITHERON, LA FOLIE,
Tous les CHŒURS de Satyres, de Driades
& d'Habitans de la campagne.

LA FOLIE, avec tous les Chœurs.

CHantons Platée egayons-nous,
Chantons le pouvoir de ses charmes.

Differens quadrilles de danses se forment pour se moquer de PLATÉE.

PLATÉE, en fureur.

Taisez-vous,
Ou, par la mort, je vous punirai tous.

LES CHŒURS.

Le Dieu qui lui rend les armes
Va nous combler de ses biens les plus doux,
Chantons, dansons, sautons tous.

On danse

PLATÉE.

Quoi ! L'on craint si peu mon courroux ?

Je brouillerai, je troublerai mon onde,
Et c'est du sein de ma grotte profonde,

Que je vous { porterai / lancerai } mes coups.

LES CHŒURS.

Chantons Platée, égayons-nous,
Chantons le pouvoir de ses charmes.

On dans

PLATÉE.

Taisez-vous.
Ou, par la mort, je vous punirai tous.

A CITHERON, *qu'elle prend à la gorge.*

Tu vois ma rage,
Frémi d'effroi :
D'un tel outrage
Je n'accuse que toi.

CITHERON.

Que moi !

PLATÉE.

Oui, toi.

ENSEMBLE.

CITHERON. N'accusez que l'ingrat qui vous manque de foi.

PLATÉE. Je n'accuse que toi, je n'accuse que toi.

LES CHŒURS.

Chantons Platée, égayons-nous.
Chantons le pouvoir de ses charmes.

PLATÉE.

Quoi ! L'on prétend braver mes coups ?
Courrons, allons contr'eux exhaler mon couroux.

Elle prend sa course & va se précipiter dans son Marais.
LA FOLIE *emméne avec elle les differens chœurs se réjouir du racommodement de* JUPITER *&* *de* JUNON.

FIN DU BALLET.

APPROBATION.

J'Ai lû par ordre de Monseigneur le Chancelier une réimpression *du Ballet de Platée*, avec quelques changemens & je n'y ai rien trouvé qui doive en empêcher l'Impression. A Versailles ce 10 Janvier 1749. DEMONCRIF.

PRIVILEGE DU ROY.

LOUIS par la grace de Dieu, Roy de France & de Navarre : A nos amés & feaux Conseillers, les Gens tenans nos Cours de Parlemens, Maîtres des Requêtes ordinaires de nôtre Hôtel, Grand'Conseil, Prevôt de Paris, Baillifs, Sénéchaux, leurs Lieutenans Civils, & autres nos Justiciers qu'il appartiendra, Salut. Nôtre très cher & bien amé le Sieur LOUIS-ARMAND EUGENE DE THURET, cy-devant Capitaine au Regiment de Picardie; Nous a fait représenter que, par Arrest de nôtre Conseil du 30 1733. Nous avons revoqué le Privilege qui avoit été accordé au Sieur le Comte & ses ciez, pour raison de l'Academie Royale de Musique, ses circonstances & dépendances rétabli ledit Privilege en faveur dudit Sieur Exposant, pour en joüir par lui, ses ciez. Cessionnaires & ayans-cause aux charges & conditions portées par ledit Arrest, dant le temps & espace de vingt-neuf années, à compter du premier Avril de ladite an 1733 & que pour l'exploitation dudit Privilege, ledit Sieur Exposant se trouve obligé faire imprimer & graver les Paroles & la Musique des Opera qui doivent être représen mais que pour cet effet il a besoin de notre Permission & des Lettres qu'il Nous a très h blement fait supplier de lui accorder A CES CAUSES, voulant favorablement tr ledit Exposant: Nous lui avons permis & permettons par ces Présentes de faire impri & graver *les Paroles & Musique des Opera Ballets & Fêtes qui ont été ou qui seront repre tés par l'Academie Royale de Musique, tant séparément que conjointement* en tels Volum forme, marge, caractere, & autant de fois que bon lui semblera, & de les faire ve & debiter par tout notre Royaume; pendant le temps de vingt-neuf années consecutiv compter du jour de la datte desdites Présentes. Faisons défenses à toutes personnes, quelque qualité & condition qu'elles soient d'en introduire d'Impression ou Gravure Et gere dans aucun lieu de notre obéissance: Comme aussi à tous Imprimeur, Libra Graveurs, Imprimeurs, Marchands en Taille-Douce, & autres de graver, ni faire ver, imprimer ou faire imprimer, vendre, faire vendre, débiter ni contrefaire les Impressions, Planches & Figures de Paroles, de Musique des Opera, Ballets & Fêtes ont été ou qui seront representez par ladite Academie Royale de Musique, tant séparém que conjointement en tout ni en partie, sans la permission expresse & par écrit dudit S Exposant, ou de ceux qui auront droit de lui; à peine de confiscation, tant des Plan & Figures, que des Exemplaires contrefaits & des Ustanciles qui auront servi à la contrefaçon, que Nous entendons être saisis en quelque lieu qu'ils soient trouvez; de mille livres d'amende contre chacun des Contrevenans, dont un tiers à Nous, un tie l'Hôtel-Dieu de Paris, l'autre tiers audit Sieur Exposant, & de tous dépens, domm & interests, à la charge que ces Présentes seront enregistrées tout au long sur le Reg de la Communauté des Libraires & Imprimeurs de Paris, dans trois mois de la datte celles; que la Gravure & Impression desdites Paroles & Opera sera faite dans notre Ro me & non ailleurs, en bon papier & beaux caracteres, conformément aux Reglemens de Librairie, & notamment à celui du dix Avril 1725. & qu'avant de les exposer en v les Manuscrits gravés ou imprimés seront remis dans le même état où les Approbations ront été données ès mains de notre très-cher & feal Chevalier Garde des Sceaux de Fra le Sieur Chauvelin; & qu'il en sera ensuite remis deux Exemplaires de chacun dans Bibliotheque publique, un dans celle de notre Château du Louvre, & un dans celle de tre très-cher & feal Chevalier Garde des Sceaux de France, le Sieur Chauvelin: Le tc peine de nullité des Présentes; Du contenu desquelles Vous mandons & enjoignons faire jouir ledit Sieur Exposant, ou ses Ayants-cause, pleinement & paisiblement sans s frir qu'il leur soit fait aucun trouble ou empêchement. Voulons que la Copie desdites sentes, qui sera imprimée tout au long au commencement ou à la fin desdites Paroles Opera, soit tenue pour dûement signifiée; & qu'aux Copies collationnées par l'un de amés & feaux Conseillers & Secretaires, foy soit ajoûtée comme à l'Original. Comman au premier notre Huissier ou Sergent, de faire pour l'exécution d'icelles tous Actes re & necessaires, sans demander autre permission, & nonobstant Clameur de Haro, Châtre N mande & Lettres à ce contraires. CAR tel est nôtre plaisir. DONNÉ à Fontainebleau douziéme jour de Novembre, l'An de Grace mil sept cent trente-quatre, & de notre R le vingtiéme: *Et plus bas*, Par le Roy en son Conseil. *Signé* SAINSON, avec parap

Registré sur le Registre VIII. de la Chambre Royale des Libraires & Imprimeu Paris, N. 797. fol. 779. conformément aux anciens Réglemens, confirmés par cel 28 Février 1723. A Paris le 23 Novembre 1734.

G. MARTIN, *Syndic.*

De l'Imprimerie de la Veuve DELORMEL, & Fils, Imprimeu de l'Académie Royale de Musique, ruë du Foin, à Sainte Geneviéve & à la Colombe Royale.

www.ingramcontent.com/pod-product-compliance
Lightning Source LLC
LaVergne TN
LVHW010003230826
846092LV00002B/626